JN439293

내가 나서 자란 곳은
깊고 깊은 산중계곡이다.
나의 어린시절 친구들은
흐르는 물, 바위, 나무, 돌멩이…
지금도 돌이나 바위를 보면
옛 친구를 만난 듯 반갑고 따스하다.
햇빛에 비추는 물속의 돌멩이,
유유자적한 물고기들…
모두들 나의 친구들이고
시간의 흐름과 함께 했던 모습들이다.

“엄마의 딸이라서, 엄마가 내 엄마여서 고맙고 행복했어요.” 나는 이런 말을 하지 못하고 엄마를 보내드린 것에 대해 아직도 후회가 되고 눈물이 나곤 한다.

엄마는 언제나 내가 하는 일에 헤아릴 수 없이 기뻐하며 믿어주셨다. 내가 남편을 만났을 때 엄마는 병원에서 힘든 상황이셨지만 “엄마, 어때?” 하고 물으니, “좋아! 내 맘에 쏙 들어. 나는 오늘 죽어도 원 없어!”라고 기뻐해 주셨다. 나는 내 남편이 좋기도 하지만 자식인 딸을 하늘같이, 당신의 목숨이 죽어도 좋을 만큼 믿어주시는 엄마의 믿음에 저절로 미소가 나오며, 가슴에 평안이 오면서 자신감이 생겼다.

그리고 엄마는 당신의 가시는 길 까지도, “내가 지금 죽으면 안 되지? 네가 중요한 일(결혼) 하는데 지금 죽으면 방정맞아서 안 되지!”하시면서 씨익 웃으셨다. 너무나 아픈 고통 속에서도 엄마는 그 심각한 말씀을 마치 개그우먼처럼 가볍고 편안하게 건네주셨다. 그로부터 한 달 후 병원에 갔더니 “나 아무래도 오래 못 살 것 같아.”라고 말씀하셨다. “왜? 엄마, 그런 말 하지 마.” “아냐, 이렇게 몸을 못 가누는데 오래 살아서 뭐해?”

자식에게 불편을 주면 안 된다는 생각을 하신 모양이다. “나는 겨울에는 안 죽을거야. 왜냐면 포크레인 기사도 춥고 너희들도 추우니까. 꽃피는 따스한 봄이 좋을 것 같아.”하셨다.

엄마는 엄마가 좋아하는 연분홍 진달래꽃이 필 때 저 산으로 이사 가셨다. 삼우제날 당신이 좋아하는 벚꽃 휘날리는 길을 우리는 함께 달려갔다. 그리고 그날 오후에 나는 서울 인사동에서 열리는 미술전 전시 오프닝에 참석했다. 그리고 엄마 임종 전날 엄마를 생각하며 울면서 그린 그림을 전시했다.

엄마는 내가 좋아하는 일이나 사람에 대해 당신 생각을 개입시키지 않으시고 온전히 딸의 마음이 되어서 좋아해 주시고 환한 미소와 항상 긍정의 말씀으로 이끌어 주셨다. 상처가 너무 커서 죽고 싶기도 하고 죽을 것 같기도 한 순간순간들이 있다. 그때마다 엄마는 "좋았던 것을 차분히 생각하고 살아도 다 생각해 내지 못한다. 그리고 욕은 아무리 먹어도 배가 안 부르다. 욕하는 사람 입만 나빠지는 거야. 그리고, 저 나무들을 봐라. 한 그루 한 그루 다 모양이 다르고, 매력이 있지 않니? 돌멩이, 바위 하나도 정말 사랑스럽고, 예쁘고 변화무쌍하다. 저 새 소리 좀 들어봐! 저 바람 소리가 오늘 밤은 좀 이상하다. 큰 짐승 울음소리 같지?" 약간의 장난기와 유머를 섞어서 나를 위로하기도 하시고, 긴장도 시키며, 호기심도 유발시키곤 하셨다.

엄마는 '섬김의 삶'을 사셨다. 엄마는 거지도 섬기고, 자식도 섬기고, 손님도 섬기셨다. 그리고 엄마는 사람에 대한 차별이 도통 없으셨다. 문득 엄마의 '사람 섬김'에 대한 한 가지 에피소드가 떠오른다.

옛날 시골에서 엄마는 종가집 종부로서 어른들 모시고 살 때, 지나는 거지가 집에 들어와서 3일 동안 머무르고 간 적이 있다. 그때 엄마는 하루 3번 밥상 차려서 사랑채에 머무는 거지에게 대접했다. 거지가 떠난 후 한동안 잊고 있었는데 어느 날 다시 그 거지가 엄마를 찾아와서 하는 말이 "사모님, 지난번엔 신세를 많이 졌습니다. 너무 고마웠습니다. 제 형편은 어려우나 사모님 은혜를 잊을 수 없어서 오늘 이 성냥을 선물로 가져왔습니다. 앞으로 사모님 부자 되세요." 하고는 떠났다 한다. 물론 그때 엄마도 잊고 있던 거지의 성냥 한 통에 큰 감동을 받으신 모양이다.

엄마랑 살면서 "거지도 무시하거나 멸시를 해서는 안 된다. 거지도 존귀한 사람이야." 라며 몇 번이나 말씀하셨다.

거지는 엄마에게 하고 싶은 말을 하기 위해 다시 다녀갔지만 나는 엄마에게 하고 싶은 말을 영영 못했다. "엄마가 내 엄마여서, 내가 엄마의 딸이라서 고맙고, 행복했어요……"라는 말을. 오늘도 나는 엄마의 환한 미소를 떠올리며, "엄마를 닮은, 엄마의 자랑스러운 딸이 되어야 할 텐데……"하는 생각을 한다.

속리산 화가 김은숙의 에세이 **엄마생각**

- 범종교신문 게제 글 -

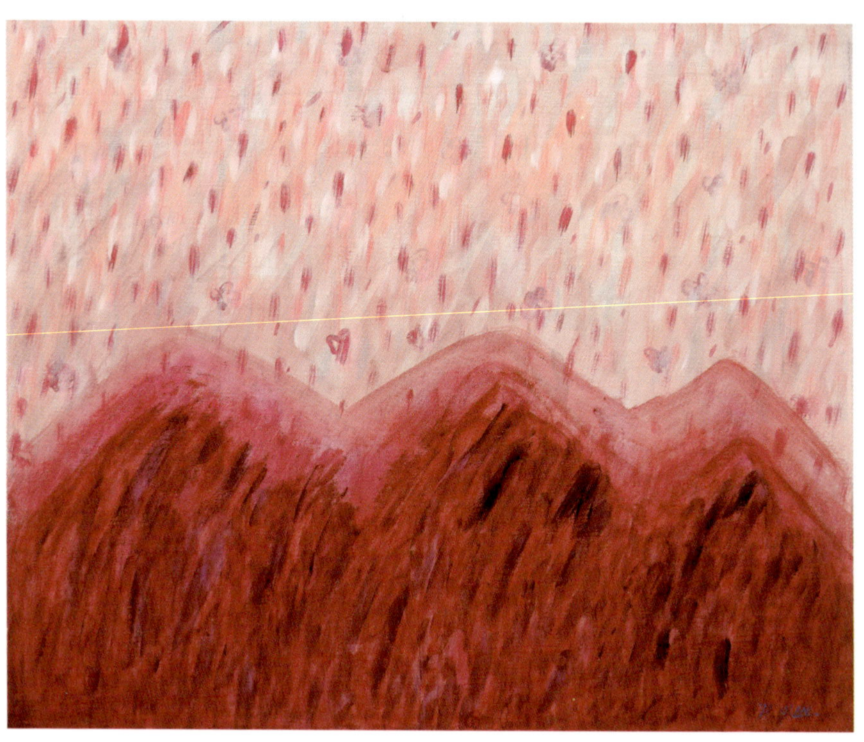

엄마 생각

엄마의 딸이라서,
엄마가 내 엄마여서,
고맙고 행복했어요.

봄 눈

그림이 벽에 부딪혔다.
몸부림을 치다가……
점을 찍기 시작했다.
순결한 흰색으로
한 점, 한 점……
100일만 찍어보자.
그러다 보니, 그림이 되었다.
그리고 제목을 붙였다.
『봄 눈』이라고……

그림을 보니
겨울을 보내고
봄이 오는 길목에서
아쉽게 내리는
봄눈이 내 마음을 적신다.
차분히…… 고요히……
내리다 녹는다.

좋은 날

노란 개나리가 피어서
봄 햇살에 휘날리는 모습을 보며
다시 새로운 희망을 갖는다.

나에게 겨울은 항상 길다.
산골 북향집의 겨울은 반년동안
이어진다.

읍에 나와서
핀 개나리를 보면
내 마음에도 봄이 오고
살랑살랑 햇살이 일렁인다.

온통 따스하고 좋은 날이다.
노오란 개나리……

축복

언젠가
하늘에서 내게 무수히 많은
축복을 내려주시리라.
그러면 거침없이 다 받으리라……

지나고 보니
그때도 하늘은 계속
내게 축복을 내려주셨다.

내 생각이
내 몸이 고달팠던 시절
나는 축복을 그렸다.

오늘이 축복이다.

산-바다같은

산중에 있는데
바다에 누워있는 듯하다.

옴마니 반메훔, 옴마니 반메훔
옴마니 반메훔. 옴마니 반메훔, 옴마니 반메훔. 옴마니 반메훔. 옴마니반메훔

축복1. 축복2.

"우보익생만허공(雨寶益生滿虛空)
중생수기득이익(衆生隨器得利益)"

- 의상대사의 <법성게> 중에서 -

보배비가 지금도 내리는데
중생이 그릇 따라서 받는다.

우보, 우보, 우보,
보배비, 보배비, 보배비

사랑도 내리고
은눈도 내리고
태양은 산 위에 그윽하고……

기쁨도, 사랑도, 만남도,
웃음도, 슬픔도, 아픔도……
다 보배비다. 축복이다.
살아있기 때문에……

서설(瑞雪) 1

신혼 초,
가장 행복했던 순간
눈이 펑펑 오는 유원지에서
남편과 나는
폴짝폴짝 뛰었다.
와 ~ 소리지르며……

어느 조그만 식당에서
팥칼국수와 막걸리 한 잔……

작업실로 들어와서
바로 그 눈송이를 그려넣고,
그림을 완성했다.

초여름에 시작해서
다음해 1월에 마친,
반 년 걸린 그림이다.
그때를 생각하면
저절로 흐뭇한 미소가 나온다.

속리산 천왕봉

해돋이를 보러 산에 올라
핑크로 물든 천왕봉을 보았다.
그해 겨울은
내 인생에서 가장 추웠다.
평균 영하 30도까지
내려가는 혹독한 겨울이었지만
나는 흰구름 위에 부웅 뜬것처럼
겨울을 보냈다.
잊을 수 없는 천왕봉 일출.

어느 날
다시 천왕봉에 올랐다.
운무 낀 천왕봉.
나는 천왕봉이라는 바다를 보았다.

나는 아직도 산에 빠져있다.

서광 1

빛의 회오리
달빛의 회오리
연꽃잎
그리고 천안(千眼).

기도와 함께
신묘장구대다라니와 함께 한 그림.

*서광(瑞光) = 상서로운 빛
*천안(千眼) = 천 개의 눈

서광 2

어느 날
한 사람의 생각이
……
……

2500년이 지나도록
우리에게 <빛>으로 다가왔다.

석가모니불(佛)
석가모니불(佛)
나무 석가모니불(佛)

가을 산

빨강
주황
초록
파랑

물감 사기 어려운 시절
오일초코 네 개를 샀다.
그리고 가을 산을 그렸다.
곁핍이, 가난이 낳은 그림이었다.

어렵던 시절에 나를 낳으신
부모님께서 나를 더 애틋하게
여기셨던 것은 아닐지?……

아무튼 사랑은 샘물같다.
아무튼 그림에 대한 열정도
샘물같다.
계속 퐁퐁퐁 솟아나는……

2012

가을 눈

2002년 10월,
가을 단풍이 절정인데
그날 밤 첫눈이 펑펑
함박눈이 펑펑 내린다.

부산 사람들은 환호한다.
너무 좋아서……

함박눈을 보기 어려운 부산 사람들,
중년이 훨씬 넘은 사람들이
다섯 살 어린이처럼 좋아하는 모습에
나도 놀란다.

⋮

지금 내가 그 나이가 되어보니
알 것 같다.
마음은 늙지 않는다는걸……

Lotus 1

하늘인지
바다인지
연꽃이 둥둥

Lotus 2

태양은 가득하고
연꽃도……
사랑도……

사랑과자비!
사랑과자!
사랑과 자비……

꿈

그냥 손이 움직인다
누구의 뜻인지 모른다.

시간이 지나고 보니
그림이 나온다.

꿈같이 그렸다.

출렁이는 바다에
아롱거리는 햇살같기도 하고
하늘에 구름이 춤을 추는 것
같기도 하고……

아무튼 꿈이다.

속리산

대학때
추상화에 매료되어
깊이 빠졌다.

나를
낳아주고 품어주고
키워준 속리산을
한 번 표현해 보고자
고민하던 차에
잉태된 작품이다.

Mountain

밤하늘을 바라보며……

밤하늘을 그리려 했다.
그런데 바다속처럼 되었다.

사랑도……
인생도……

나도 모르는 곳으로
어느새 흘러와 버렸다.

2016.

바다같은 사랑

출렁이는 바다에
사랑이 둥실둥실……

소소한 일상에 마음이 옹색해지고,
누가 건드리지도 않는데
마음에 쓰나미가 일고……

무작정 하트를 그린다.
그리고 그리고
……
하트를 그리다 보니
나도 모르게
내 마음이 온통
사랑으로 바뀌어져 버렸다.

내가 먼저 내 그림에서
위로를 받았다.

웃다보면 행복해진다고?

2010

소나기 같은 사랑

하늘은 일년내내 사랑을 내려주신다.

소나기도
사랑이다.

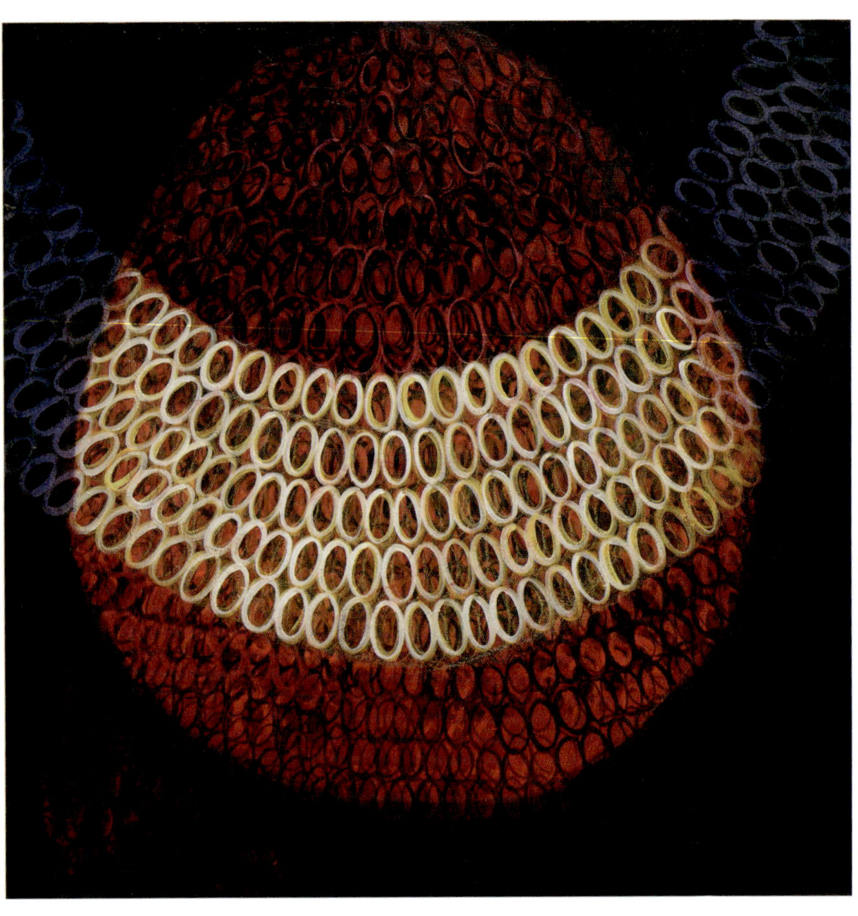

우주

졸쌀 한 알에도
대추 한 알에도
우주가 담겨 있단다.

모래 한 알 속에도……

내 속에도 우주가 있고,
신성이 있고, 불성(佛性)이
있다고 한다.

Who am I ?

원만한 사랑

사랑의
에너지를
힘차게 퍼트리자.

돈도 안 드는 일이다.
마음만 먹으면 된다.

밝은 마음……
밝은 미소……
밝은 생각……

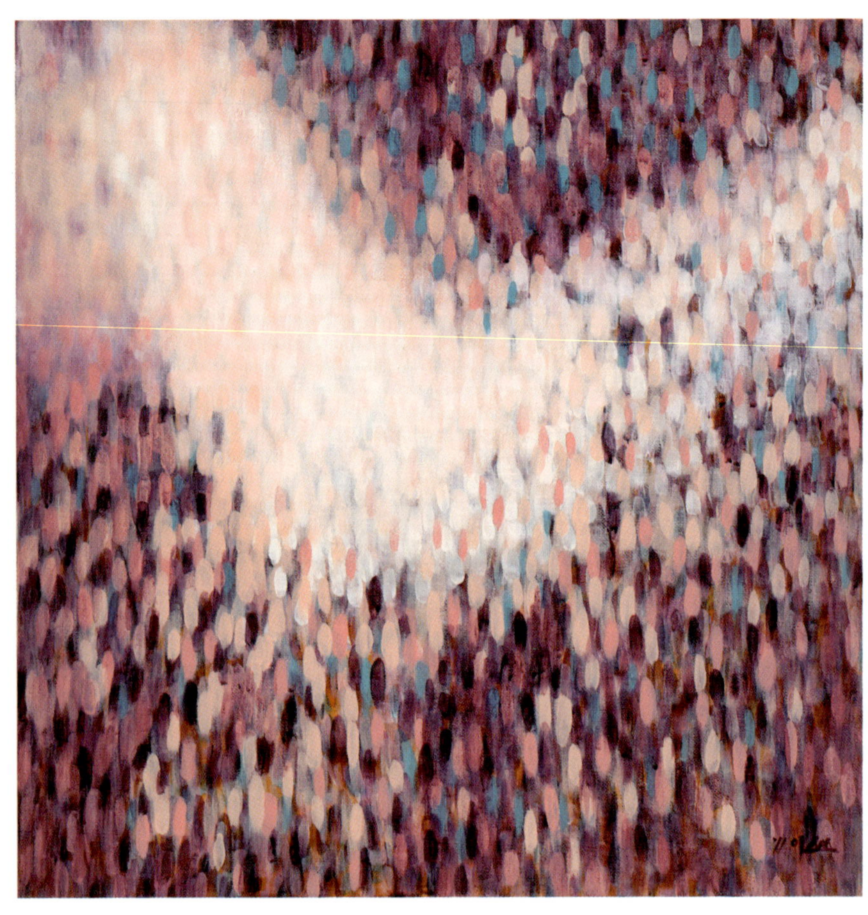

울림

나는
내 그림이

누군가에게 위로가 되고,
기쁨이 되고,
사랑이 되고,
휴식이 되고,
평화가 되는,

그런 울림을 주는 그림을
그리고자 한다.

사랑과 자비로.
"나는 빛이다"

기쁨

나의 기쁨은
내 얼굴에 빛을 발하게 한다.
수줍은 미소를 띠게 한다.

여기저기 태양이다.
여기저기 연꽃이다.
여기저기 사랑이다.

함박눈 사랑

함박눈이 오면
나는 함박눈 같이 많은 사랑을 하고 싶다.

사랑해야 할 시간들과
사랑해야 할 사람들이 너무 많다.

미움은 함박눈이 다 덮어주고
사랑은 함박눈처럼 많이 하고……

그러다 죽고 싶다.

서설(瑞雪) 2

눈 오는 날
그 눈 사이로 햇살이 들어온다.
눈을 바라보며 서설을 그린다.

서설을 그리며 계속 <꽃동네 새동네>를 부른다.

즐거운 기도.

*서설(瑞雪) - 상서로운 눈

*<꽃동네 새동네> - 윤혁민 작사 최창권 작곡. 김치경 노래
『뜰 아래 반짝이는 햇살같이 / 창가에 속삭이는 별빛같이
반짝이는 마음들이 모여 삽니다 / 오순도순 속삭이며 살아갑니다.
비바람이 불어도 꽃은 피듯이 / 어려움 속에서도 꿈은 있지요
웃음이 피어나는 꽃동네 새동네 / 행복이 번져가는 꽃동네 새동네』

생명의 흐름

나무는
우리의 숨

모두가 사랑이에요

모두
온통
사랑밭이다.

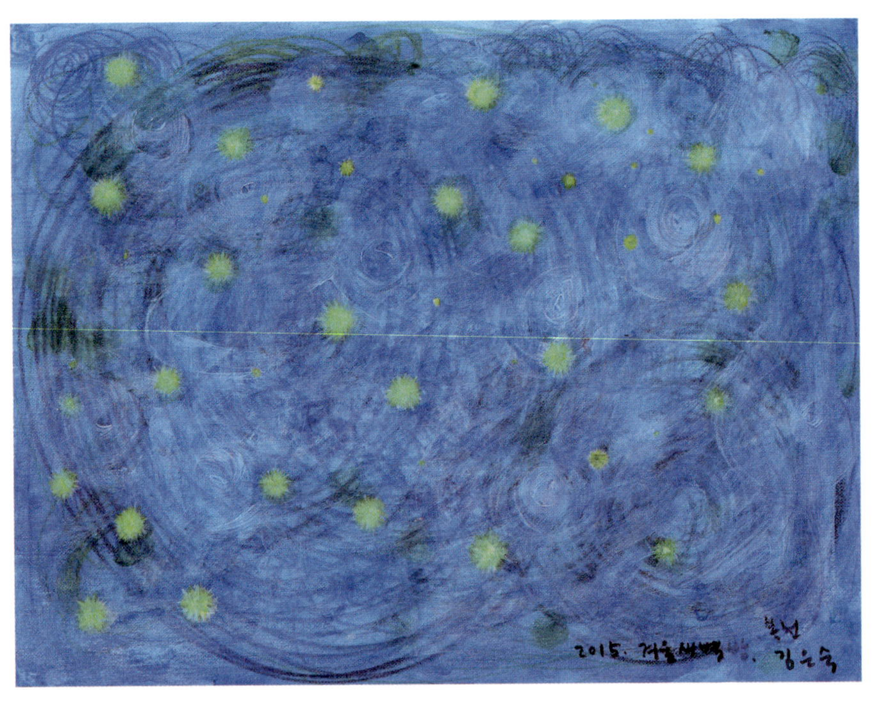
2015. 겨울새벽
강은숙

겨울 새벽

알싸한 겨울 새벽
밤하늘에 온통 별이다.

내가 별을 맞이한 것인지?
별님이 나를 초대한 것인지?

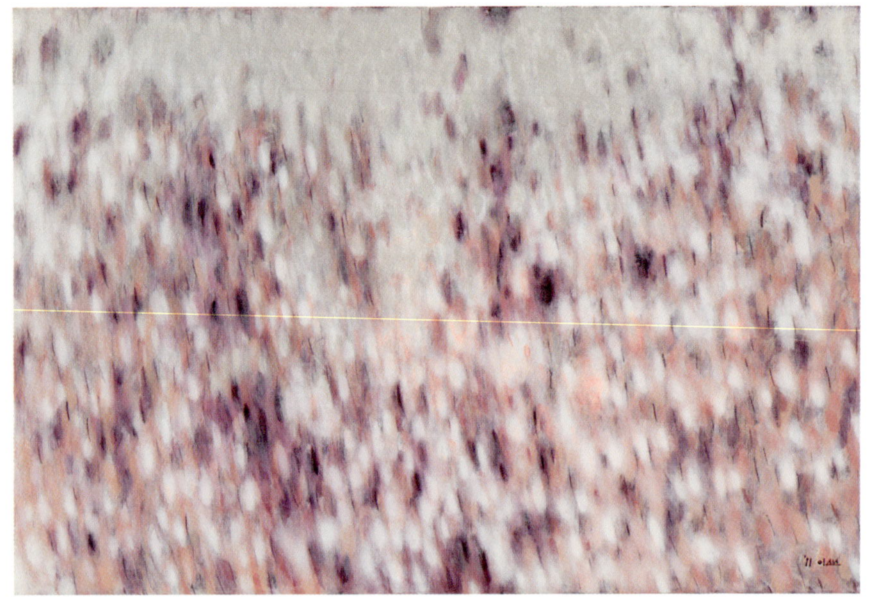

환희

벚꽃이 휘날린다.
그 사이로 햇살이 아롱거린다.

축하의 글

현상 너머 태깔을 보다

복천 김은숙 화백을 산중에서 처음 본 것은 20년이 넘는다. 그 사이 많은 이야기가 오갔고 여러번에 걸친 전시전을 보았지만, 김화백의 작품세계는 한결같이 자연 너머 자연의 아름다움을 표현하고 있다. 표현방식 역시 오브제의 복잡함을 단순 처리하여 순결하면서도 빛의 흐름을 주목하고 있다.

특히 김화백의 작품은 빛의 파동을 잘 표현하고 있다. 현대 양자역학 이론을 빌리자면, 모든 물성의 근원은 빛이고 파동이며 움직이는 미립자의 결정체이다. 김화백은 예리한 예술가의 시선으로 물성의 근원을 찾아서 빛의 파동으로 어우러지는 현상을 간결하면서도 사실적으로 표현하고 있다. 빛의 흐름을 따라 화폭에 그려지는 세계는 아주 정제된 형태로 때론 사실적으로, 때론 추상적으로 심상을 나타내고 있다.

연암 박지원은 그의 책 <능양시집> 서문에서 "색깔 속에 담긴 '빛깔'을 보고, 겉모습만 보지 말고 외형 속에 깃들인 '태깔'을 읽으라(色中之光 形中之態)"라고 하였다. 김화백의 작품들은 이미 연암이 말한 색깔 속의 빛깔, 형태 속의 태깔을 읽어내어 표현하고 있다. 그에게 있어서 눈 앞에 보이는 색과 형태가 중요한 것이 아니라, 그 너머에 있는 물성을 빛으로 승화시키는 것이 추구하고자 하는 예술혼이다.

이러한 김화백의 작품세계는 우연이 아니다. 자연과 하나 된 삶을 살면서 터득한 심미안이 있기 때문이다. 그것은 숲 속의 나무를 보면서 빛에 물든 숲을 보고, 피어

난 연꽃이 빛을 따라 유영하고, 아름다운 빛이 비처럼 내리는 하늘을 볼 수 있어야 한다. 자연 너머 자연과 하나가 되어야 한다. 그것은 거울처럼 자연을 있는 그대로 들여다볼 수 있는 맑고 고운 마음이 있기 때문에 가능하다. 자연과 공감할 수 있는 거울 뉴런이 잘 발달되어 있기에, 빛으로 직조된 물성과 현상들의 아름다움이 그림에 담겨질 수 있는 것이다.

이번에 펴내는 책은 그림이 책 속으로 들어가고 그림 속에서 주옥 같은 시가 나온 책이다. 시는 그 자체 김화백의 혼백이요 속리산의 정기가 문자화된 것이다. 그의 삶결이, 그의 호흡이, 그의 목소리가 그림이 되고 시가 되니, 책이 생명으로 살아숨쉼을 느낀다.

시화에 직조된 숨결은 사랑, 꿈, 우주. 축복, 엄마, 새벽, 울림… 모두 온통 사랑밭이다. 그렇다. 모두 온통 속리산 정기받은 사랑밭이니, 축복의 마음으로 밭길을 걸어본다.

- **김양식** | 박사, 청주대학교 교수 -

속리산 비로산장 주인 김은숙의 그림이야기
엄마 생각

초판 2022년 4월 3일

글·그림 김은숙
디자인 김옥란
펴낸이 정수연

펴낸곳 도서출판 여름
등록 제1998년 9월 2일(제2-2626호)
주소 서울 중구 을지로 20길 32-16
전화 02-2278-6990
E-mail design6990@naver.com

ISBN 978-89-92612-49-4 07650

책값은 뒷표지에 있습니다.
잘못된 책은 구입하신 곳에서 바꿔드립니다.